LISBETH ZWERGER

wurde 1954 in Wien geboren. Sie gewann mit ihren zahlreichen Werken unter anderem zweimal den Goldenen Apfel der Internationalen Biennale für Illustration in Bratislava und für ihr Lebenswerk den Hans Christian Andersen-Preis. Lisbeth Zwerger verzaubert seit vielen Jahren Kinder und Erwachsene mit ihren ästhetischen und poetischen Bildern.

CHRISTIAN MORGENSTERN

wurde 1871 in München geboren. Er begann Nationalökonomie zu studieren, entschied sich aber, seiner inneren Bestimmung zu folgen und Schriftsteller zu werden. Einem größeren Leserkreis bekannt und beliebt wurde Morgenstern mit seiner humoristischen Dichtung.

Erstmals erschienen 1993 im Michael Neugebauer Verlag
Gestaltung: Isabel Thalmann, buchundgrafik.ch
Druck und Bindung: Livonia Print, Riga, Lettland
ISBN 978-3-314-10256-1
9. Auflage 2025

www.nord-sued.com
Wir freuen uns über Nachrichten an: info@nord-sued.com

GPSR-EU-Kontakt: NordSüd Verlag GmbH, Triebstr. 3, 80993 München
gpsr@nord-sued.com

CHRISTIAN MORGENSTERN

Kindergedichte und Galgenlieder

AUSGEWÄHLT UND ILLUSTRIERT VON
LISBETH ZWERGER

Inhalt

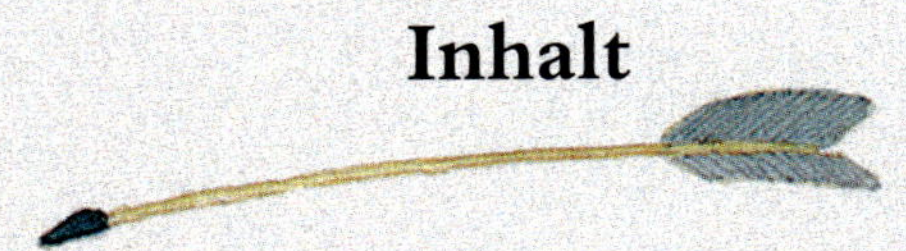

Kindergedichte

Galgenlieder

Klein Irmchen

Spann dein kleines Schirmchen auf;
denn es möchte regnen drauf.

Denn es möchte regnen drauf,
halt nur fest den Schirmchen-Knauf.

Halt nur fest den Schirmchen-Knauf –
und jetzt lauf! und jetzt lauf!

Und jetzt lauf! und jetzt lauf!
Lauf zum Kaufmann hin und kauf!

Lauf zum Kaufmann hin und sag:
Guten Tag! guten Tag!

Guten Tag, Herr Kaufmann Klein,
gib mir doch ein Stückchen Sonnenschein.

Gib mir doch ein Stückchen Sonnenschein;
denn ich will mein Schirmchen trocknen fein.

Denn ich will mein Schirmchen trocknen fein.
Und der Kaufmann geht ins Haus hinein.

Und der Kaufmann geht hinein ins Haus,
und er bringt ein Stückchen Sonne heraus.

Und er bringt ein Stückchen Sonne heraus.
Sieht es nicht wie gelber Honig aus?

Sieht es nicht wie gelber Honig schier?
Und er tut es sorgsam in Papier.

Und er tut es sorgsam in Papier.
Und dies Päckchen dann, das bringst du mir.

Und zu Haus, da packen wir es aus –
sieht es nicht wie gelber Honig aus?

Und die Hälfte kriegst dann du, mein Irmchen,
und die andere Hälfte kriegt das Schirmchen.

Und jetzt spann dein Schirmchen auf –
und lauf! und lauf!

Von dem GROSSEN Elefanten

Kennst du den großen Elefanten,
du weißt, den Onkel von den Tanten,
den ganz großen, weißt du, der –
der immer so macht, hin und her.

Der lässt dich nämlich vielmals grüßen,
er hat mit seinen eignen Füßen
hineingeschrieben in den Sand:
Grüß mir Sophiechen Windelband!

Du darfst mir ja nicht drüber lachen.
Wenn Elefanten so was machen,
so ist dies selten, meiner Seel!
Weit seltner als bei dem Kamel.

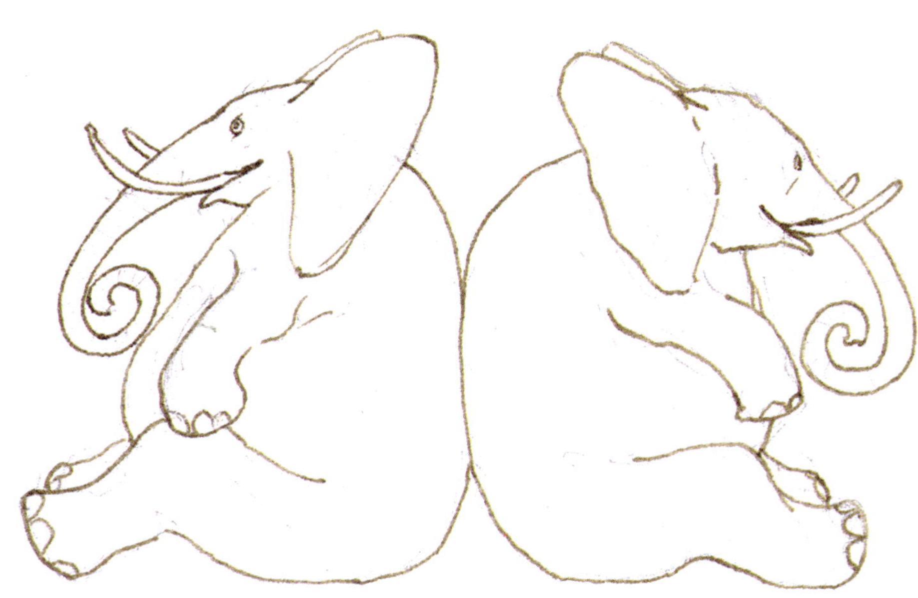

Die Vogelscheuche

Die Raben rufen: »Krah, krah, krah!
Wer steht denn da, wer steht denn da?
Wir fürchten uns nicht, wir fürchten uns nicht
vor dir mit deinem Brillengesicht.

Wir wissen ja ganz genau,
du bist nicht Mann, du bist nicht Frau.
Du kannst ja nicht zwei Schritte gehn
und bleibst bei Wind und Wetter stehn.

Du bist ja nur ein bloßer Stock,
mit Stiefeln, Hosen, Hut und Rock.
Krah, krah, krah!«

Die drei Spatzen

In einem leeren Haselstrauch
da sitzen drei Spatzen, Bauch an Bauch.

Der Erich rechts und links der Franz
und mittendrin der freche Hans.

Sie haben die Augen zu, ganz zu,
und obendrüber, da schneit es, hu!

Sie rücken zusammen dicht an dicht.
So warm wie der Hans hat's niemand nicht.

Sie hören alle drei ihrer Herzlein Gepoch
Und wenn sie nicht weg sind,
so sitzen sie noch.

Waldmärchen

Es lebt ein Ries' im Wald,
der hat ein Ohr so groß,
wenn da ein Donner schallt,
ist's ihm ein Jucken bloß.

Er macht so mit der Hand,
als wie nach einer Hummel –
sein eigenes Gebrummel
erschreckt das ganze Land.

Und kommt die Regenzeit,
dann schläft er, und es wird
aus seinem Ohr ein Teich,
und dort sitzt dann der Hirt

und tränkt dran seine Schaf';
doch manchmal dreht, o Graus,
der Ries' sich um im Schlaf –
und dann ist alles aus.

Fips

Ein kleiner Hund mit Namen Fips
erhielt vom Onkel einen Schlips
aus gelb und roter Seide.

Die Tante aber hat, o denkt,
ihm noch ein Glöcklein drangehängt
zur Aug- und Ohrenweide.

Hei, ward der kleine Hund da stolz.
Das merkt sogar der Kaufmann Scholz
im Hause gegenüber.

Den grüßte Fips sonst mit dem Schwanz;
jetzt ging er voller Hoffart ganz
an seiner Tür vorüber.

Herr Löffel und Frau Gabel

Herr Löffel und Frau Gabel,
die zankten sich einmal.
Der Löffel sprach zur Gabel:
Frau Gabel, halt den Schnabel,
du bist ja bloß aus Stahl!

Frau Gabel sprach zum Löffel:
Ihr seid ein großer Töffel
mit Eurem Gesicht aus Zinn,
und wenn ich Euch zerkratze
mit meiner Katzentatze,
so ist Eure Schönheit hin!

Das Messer lag daneben
und lachte: Gut gegeben!
Der Löffel aber fand:
Mit Herrn und Frau aus Eisen
ist nicht gut Kirschen speisen,
und küsste Frau Gabel galant – die Hand.

Traumliedchen

Träum, Kindlein, träum,
im Garten stehn zwei Bäum.

Der eine, der trägt Rosen,
der andre Aprikosen!

Da kommt der König Abendlust –
und steckt seiner Königin eine Rose an die Brust.

Da reckt sich die Königin mit ihrer Rose –
und pflückt dem Herrn König eine Aprikose.

Der König bricht die Frucht in zwei Stücke
und gibt eine Hälfte der Frau Königin zurücke.

Drauf lassen sie beide sich's trefflich munden.
Den Kern aber, den sie darinnen gefunden,

den Aprikosenkern, klein und fein,
den pflanzen sie in ein Beet hinein.

Und dass er es dort recht artig hat,
umwickelt ihn Frau Königin mit einem Rosenblatt,

mit einem Rosenblatt, mit einem Rosenblatt,
auf dass es der Kern dort recht lieblich hat.

Dort schlummert er lange, dort schlummert er fest,
als wie ein Vöglein in seinem Nest.

…Träum, Kindlein, träum,
im Garten stehn zwei Bäum…

der eine, der trägt Rosen,
der andre Aprikosen…

Träum, Kindlein, träum…

Wenn es Winter wird

Der See hat eine Haut bekommen,
so dass man fast drauf gehen kann,
und kommt ein großer Fisch geschwommen,
so stößt er mit der Nase an.
Und nimmst du einen Kieselstein
und wirfst ihn drauf, so macht es klirr
und titscher – titscher – titscher – dirr.
Heißa, du lustiger Kieselstein!
Er zwitschert wie ein Vögelein
und tut als wie ein Schwälblein fliegen –
doch endlich bleibt mein Kieselstein
ganz weit, ganz weit auf dem See draußen liegen.
Da kommen die Fische haufenweis
und schaun durch das klare Fenster von Eis
und denken, der Stein wär etwas zum Essen;
doch sosehr sie die Nase ans Eis auch pressen,
das Eis ist zu dick, das Eis ist zu alt,
sie machen sich nur die Nasen kalt.

Aber bald, aber bald
werden wir selbst auf eignen Sohlen
hinausgehn können und den Stein wieder holen.

Winternacht

Es war einmal eine Glocke,
die machte baum, baum.
Und es war einmal eine Flocke,
die fiel dazu wie im Traum.

Die fiel dazu wie im Traum…
Die sank so leis hernieder
wie ein Stück Engleingefieder
aus dem silbernen Sternenraum.

Es war einmal eine Glocke,
die macht baum, baum.
Und dazu fiel eine Flocke,
so leis als wie ein Traum.

So leis als wie ein Traum.
Und als vieltausend gefallen leis,
da war die ganze Erde weiß,
als wie von Engleinflaum.

Da war die ganze Erde weiß,
als wie von Engleinflaum.

Schlummerliedchen

Schlaf, Kindlein, schlaf!
Es war einmal ein Schaf.

Das Schaf, das ward geschoren,
da hat das Schaf gefroren.

Da zog ein guter Mann
ihm seinen Mantel an.

Jetzt braucht's nicht mehr zu frieren,
kann froh herumspazieren.

Schlaf, Kindlein, schlaf!
Es war einmal ein Schaf.

Der Frühling kommt bald

Herr Winter
geh hinter,
der Frühling kommt bald!
Das Eis ist geschwommen,
die Blümlein sind kommen
und grün wird der Wald.

Herr Winter
geh hinter,
dein Reich ist vorbei.
Die Vögelein alle,
mit jubelndem Schalle,
verkünden den Mai!

Das große Lalulā

Kroklokwafzi? Sem̄emem̄i!
Seiokronto – prafriplo:
Bifzi, bafzi; hulalem̄i:
quasti basti bo…
Lalu lalu lalu lalu la!

Hontraruru miromente
zasku zes rü rü?
Entepente, leiolente
klekwapufzi lü?
Lalu lalu lalu lalu la!

Simarar kos malzipempu
silzuzankunkrei (;)!
Marjomar dos: Quempu Lempu
Siri Suri Sei []!
Lalu lalu lalu lalu la!

Der Lattenzaun

Es war einmal ein Lattenzaun
mit Zwischenraum, hindurchzuschaun.

Ein Architekt, der dieses sah,
stand eines Abends plötzlich da –

und nahm den Zwischenraum heraus
und baute draus ein großes Haus.

Der Zaun indessen stand ganz dumm,
mit Latten ohne was herum.

Ein Anblick grässlich und gemein.
Drum zog ihn der Senat auch ein.

Der Architekt jedoch entfloh
nach Afri- od- Ameriko.

Gespräch einer Hausschnecke mit sich selbst

Soll i aus meim Hause raus?
Soll i aus meim Hause nit raus?
Einen Schritt raus?
Lieber nit raus?
Hausenitraus –
Hauseraus
Hauseritraus
Hausenaus
Rauserauserauserause…

(Die Schnecke verfängt sich in ihren eigenen Gedanken oder vielmehr diese gehen mit ihr dermaßen durch, dass sie die weitere Entscheidung der Frage verschieben muss.)

Die Beichte des Wurms

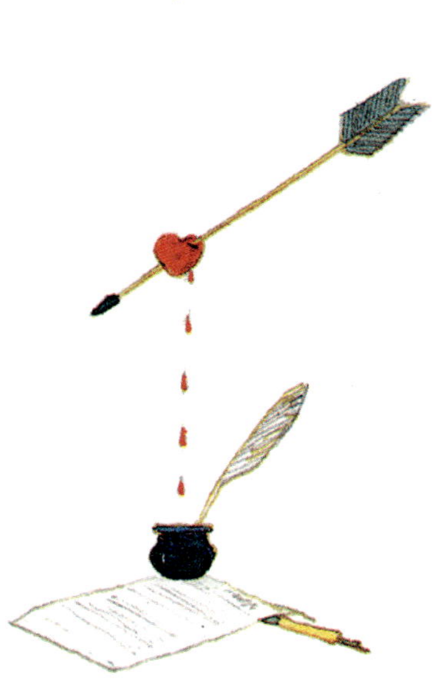

Es lebt in einer Muschel
ein Wurm gar seltner Art;
der hat mir mit Getuschel
sein Herze offenbart.

Sein armes kleines Herze,
hei, wie das flog und schlug!
Ihr denket wohl, ich scherze?
Ach, denket nicht so klug.

Es lebt in einer Muschel
ein Wurm gar seltner Art;
der hat mir mit Getuschel
sein Herze offenbart.

Die beiden Esel

Ein finstrer Esel sprach einmal
zu seinem ehlichen Gemahl:

»Ich bin so dumm, du bist so dumm,
wir wollen sterben gehen, kumm!«

Doch wie es kommt so öfter eben:
Die beiden blieben fröhlich leben.

Im Tierkostüm

Palmström liebt es, Tiere nachzuahmen,
und erzieht zwei junge Schneider
lediglich auf Tierkostüme.

So z.B. hockt er gern als Rabe
auf dem oberen Aste einer Eiche
und beobachtet den Himmel.

Häufig auch als Bernhardiner
legt er den zottigen Kopf auf tapfere Pfoten,
bellt im Schlaf und träumt gerettete Wanderer.

Oder spinnt ein Netz in seinem Garten
aus Spagat und sitzt als eine Spinne
tagelang in dessen Mitte.

Oder schwimmt, ein glotzgeäugter Karpfen,
rund um die Fontäne seines Teiches
und erlaubt den Kindern, ihn zu füttern.

Oder hängt sich im Kostüm des Storches
unter eines Luftschiffs Gondel
und verreist so nach Ägypten.

Möwenlied

Die Möwen sehen alle aus,
als ob sie Emma hießen.
Sie tragen einen weißen Flaus
und sind mit Schrot zu schießen.

Ich schieße keine Möwe tot,
ich lass sie lieber leben –
und füttre sie mit Roggenbrot
und rötlichen Zibeben.

O Mensch, du wirst nie nebenbei
der Möwe Flug erreichen.
Wofern du Emma heißest, sei
zufrieden, ihr zu gleichen.

Der Schnupfen

Ein Schnupfen hockt auf der Terrasse,
auf dass er sich ein Opfer fasse

– und stürzt alsbald mit großem Grimm
auf einen Menschen namens Schrimm.

Paul Schrimm erwidert prompt: »Pitschü!«,
und hat ihn drauf bis Montag früh.

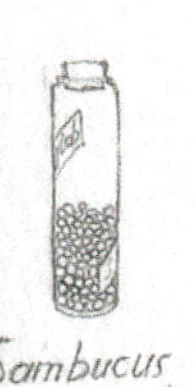

Bundeslied der Galgenbrüder

O schauerliche Lebenswirrn,
wir hängen hier am roten Zwirn!
Die Unke unkt, die Spinne spinnt,
und schiefe Scheitel kämmt der Wind.

O Greule, Greule, wüste Greule!
»Du bist verflucht!«, so sagt die Eule.
Der Sterne Licht am Mond zerbricht.
Doch die zerbrach's noch immer nicht.

O Greule, Greule, wüste Greule!
Hört ihr den Huf der Silbergäule?
Es schreit der Kauz: pardauz! pardauz!
da taut's, da graut's, da braut's, da blaut's!

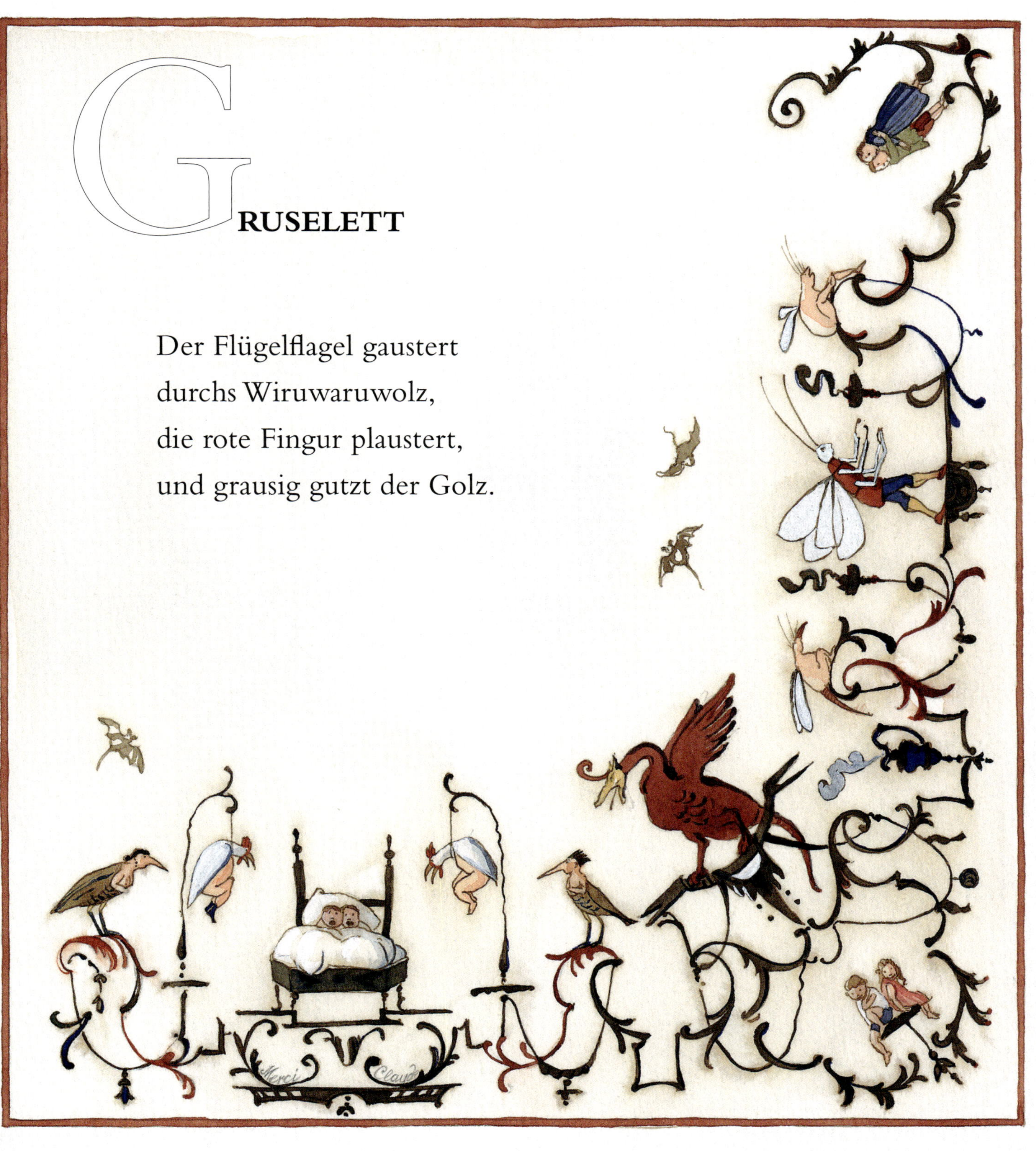

GRUSELETT

Der Flügelflagel gaustert
durchs Wiruwaruwolz,
die rote Fingur plaustert,
und grausig gutzt der Golz.

Wie sich das Galgenkind die Monatsnamen merkt

Jaguar
Zebra
Nerz
Mandrill
Maikäfer
Pony
Muli
Auerochs
Wespenbär
Locktauber
Robbenbär
Zehenbär

Galgenkindes Wiegenlied

Schlaf, Kindlein, schlaf,
am Himmel steht ein Schaf;
das Schaf, das ist aus Wasserdampf
und kämpft wie du den Lebenskampf.
Schlaf, Kindlein, schlaf.

Schlaf, Kindlein, schlaf,
die Sonne frisst das Schaf,
sie leckt es weg vom blauen Grund
mit langer Zunge wie ein Hund.
Schlaf, Kindlein, schlaf.

Schlaf, Kindlein, schlaf.
Nun ist es fort, das Schaf.
Es kommt der Mond und schilt sein Weib;
die läuft ihm weg, das Schaf im Leib.
Schlaf, Kindlein, schlaf.

Neue Bildungen, der Natur vorgeschlagen

Der **Ochsenspatz**
Die **Kamelente**
Der **Regenlöwe**
Die **Turtelunke**
Die **Schoßeule**
Der **Walfischvogel**
Die **Quallenwanze**
Der **Gürtelstier**
Der **Pfauenochs**
Der **Werfuchs**
Die **Tagtigall**
Der **Sägeschwan**
Der **Süßwassermops**
Der **Weinpintscher**
Das **Sturmspiel**
Der **Eulenwurm**
Der **Giraffenigel**
Das **Rhinozepony**
Die **Gänseschmalzblume**
Der **Menschenbrotbaum.**

Das Gebet

Die Rehlein beten zur Nacht,
hab acht!
Halb neun!
Halb zehn!
Halb elf!
Halb zwölf!
ZWÖLF!
Die Rehlein beten zur Nacht,
hab acht!
Sie falten die kleinen Zehlein,
die Rehlein.

Das Mondschaf

Das Mondschaf steht auf weiter Flur.
Es harrt und harrt der großen Schur.
Das Mondschaf.

Das Mondschaf rupft sich einen Halm
und geht dann heim auf seine Alm.
Das Mondschaf.

Das Mondschaf spricht zu sich im Traum:
»Ich bin des Weltalls dunkler Raum.«
Das Mondschaf.

Das Mondschaf liegt am Morgen tot.
Sein Leib ist weiß, die Sonn ist rot.
Das Mondschaf.

Fisches Nachtgesang

Nachtbild

Es horcht ein Hofhund hinterm Zaun –
(›Achtung! Hunde!‹)
Es horcht ein Hofhund hinterm Zaun
zur mitternächtigen Stunde.
Mit glühnden Augen steht der Hund
an einem Möbelwagen…
Der Mensch ist fort. Die Nacht ist rund
mit Sternen ausgeschlagen.